ORDRE DES AVOCATS
A LA COUR D'APPEL D'ALGER

RÈGLEMENTS

ALGER
ANCIENNE MAISON BASTIDE-JOURDAN
Jules **CARBONEL**
MPRIMEUR-LIBRAIRE-ÉDITEUR
1921

RÈGLEMENTS DU BARREAU D'ALGER

DÉCRET

portant règlement d'administration publique
sur l'exercice de la profession d'avocat
et la discipline du barreau

Le Président de la République,

Vu la loi du 22 ventôse an XII et, en particulier, les articles 29 et 38 de ladite loi qui sont ainsi conçus :

« Art. 29. — Il sera formé un tableau des avocats exerçant près les tribunaux.

« Art. 38. — Il sera pourvu, par des règlements d'administration publique, à l'exécution de la présente loi et, notamment, à ce qui concernera..... 7° la formation du tableau des avocats et la discipline du barreau » ;

Vu l'ordonnance du 20 novembre 1822 ;

Vu l'ordonnance du 27 août 1830 ;

Vu le décret du 22 mars 1852 ;

Vu le décret du 10 mars 1870 ;

Le Conseil d'Etat entendu,

DÉCRÈTE :

TITRE PREMIER

DU TABLEAU

ART. 1er. — Les avocats qui exercent près de chaque cour d'appel ou de chaque tribunal de première instance, ne siégeant pas au chef-lieu d'une cour d'appel, forment un ordre des avocats qui est soumis aux règles ci-après :

Art. 2. — Ils sont inscrits sur le tableau institué par l'article 29 de la loi du 22 ventôse, an XII, d'après leur rang d'ancienneté, conformément aux dispositions de l'article 16 du présent décret et à celles du règlement intérieur prévu à l'article 46.

Art. 3. — Nul ne peut être inscrit sur le tableau des avocats au barreau d'une cour ou d'un tribunal, s'il n'exerce réellement près de cette cour ou de ce tribunal, ou s'il ne produit le certificat de stage mentionné à l'article 27. Les magistrats honoraires et les anciens magistrats ayant au moins trois ans de fonctions sont dispensés du stage.

Art. 4. — Le tableau est réimprimé au commencement de chaque année judiciaire et déposé au greffe de la cour ou du tribunal.

Art. 5. — Seuls ont droit au titre d'avocat les licenciés en droit qui sont régulièrement inscrits au tableau ou au stage du barreau d'une cour d'appel ou d'un tribunal de première instance. Ils doivent faire suivre leur titre d'avocat de la mention de ce barreau.

Cette disposition n'est pas applicable aux avocats au Conseil d'Etat et à la Cour de Cassation.

Art. 6. — Les avocats inscrits au tableau peuvent, excepté dans les cas prévus à l'article 32, exercer leur ministère en conformité des lois et règlements, et devant toutes les juridictions, sauf devant le tribunal des conflits, le Conseil d'Etat, la Cour de Cassation, la Cour des Comptes et le Conseil des Prises, et ce, sans autorisation et sous la seule obligation, lorsqu'ils se déplacent, de se présenter au président et au magistrat du ministère public tenant l'audience où ils plaident ainsi qu'au bâtonnier du barreau local.

Ils peuvent également, et dans les mêmes conditions, assister leurs clients, ou les représenter s'il y a lieu, dans les mesures d'instruction prescrites par jugement ou par ordonnance.

TITRE II

DE L'ORGANISATION ET DE L'ADMINISTRATION DE L'ORDRE

ART. 7. — L'assemblée générale des avocats de chaque barreau est composé de tous les avocats inscrits au tableau.

ART. 8. — Chaque barreau est administré par un conseil de l'ordre des avocats dont la composition et les attributions sont déterminés ainsi qu'il suit et qui est présidé par le bâtonnier.

ART. 9. — Le conseil de l'ordre est composé de cinq membres dans les barreaux où le nombre des avocats inscrits est de six à trente ; de sept si le nombre des avocats inscrits est de trente et un à cinquante ; de neuf si ce nombre est de cinquante et un à cent ; de quinze s'il est supérieur à cent ; de vingt-quatre à Paris.

ART. 10. — Les membres du conseil de l'ordre des avocats exerçant près de chaque cour ou tribunal sont élus directement par l'assemblée générale des avocats inscrits au tableau. L'élection est faite au scrutin de liste, à la majorité absolue des suffrages des membres présents.

ART. 11. — Peuvent seuls être élus membres du conseil de l'ordre, à Paris, les avocats qui sont inscrits au tableau, depuis dix ans, et, dans les barreaux des chef-lieux de cour d'appel ainsi que dans ceux qui comprennent plus de vingt membres, les avocats ayant cinq ans d'inscription audit tableau.

Est inéligible l'avocat qui a été privé temporairement, dans les conditions spécifiées à l'article 32, du droit de faire partie du conseil de l'ordre.

ART. 12. — Dans les barreaux où le nombre des avocats inscrits au tableau est inférieur à six, les fonctions du conseil de l'ordre sont remplies par le tribunal de première instance.

ART. 13. — Les bâtonnier de l'ordre est élu, dans tous les barreaux, par l'assemblée générale de l'ordre, par scrutin séparé, à la majorité absolue des suffrages des membres présents. Il est procédé à l'élection du bâtonnier avant celle des membres du conseil.

ART. 14. — Les élections générales ont lieu à l'époque et pour le temps fixés par le règlement intérieur de chaque barreau. Les élections partielles sont faites dans le mois de l'événement qui les rend nécessaires. Toutefois, si cet événement survient pendant les vacances judiciaires ou dans le mois qui les précède, il n'est procédé aux élections qu'après la rentrée judiciaire.

ART. 15. — Les avocats inscrits au tableau peuvent déférer les élections à la cour d'appel dans le délai de cinq jours à partir desdites élections.

Le procureur général a le même droit dans le délai de quinze jours à partir de la notification qui lui a été faite, par le bâtonnier, du procès-verbal des élections.

ART. 16. — Les attributions du conseil de l'ordre consistent : 1° à statuer sur les difficultés relatives à l'inscription au tableau des avocats, sur l'admission au stage des licenciés en droit qui ont prêté serment devant les cours d'appel, sur l'inscription au tableau des avocats stagiaires après l'accomplissement de leur stage, ainsi que sur l'inscription et sur le rang des avocats qui, ayant déjà été inscrits au tableau et ayant abandonné l'exercice de leur profession, se présentent de nouveau pour la reprendre ; 2° à maintenir les principes de modération, de désintéressement et de probité sur lesquels repose l'ordre des avocats et à exercer la surveillance que l'honneur et l'intérêt de l'ordre rendent nécessaires ; 3° à s'occuper de toute question intéressant l'exercice de la profession d'avocat, notamment en ce qui concerne la défense des droits des avocats et la stricte observation de leurs devoirs professionnels ; 4° à gérer les biens de l'ordre, à administrer et à utiliser les ressources de l'ordre pour en assurer les secours attribués aux membres du barreau, à leurs veuves ou à leurs enfants, soit par prestation directe, soit par la constitution d'une caisse de retraite ; 5° à autoriser le bâtonnier à ester en justice, à accepter tous dons et legs faits à l'ordre, à transiger ou à compromettre, à consentir toutes aliénations ou hypothèques et à contracter tous emprunts.

ART. 17. — Le conseil de l'ordre statue sur la demande d'inscription au tableau dans le délai de deux mois à partir de la réception de ladite demande.

La décision du conseil de l'ordre portant refus d'inscription est notifiée à l'intéressé qui peut la déférer à la cour d'appel dans le délai de deux mois à partir de cette notification.

A défaut de notification d'une décision, dans le mois qui suit l'expiration du délai imparti au conseil de l'ordre pour statuer, l'intéressé peut considérer sa demande comme rejetée et se pourvoir ainsi qu'il est dit au paragraphe précédent.

ART. 18. — Le bâtonnier représente l'ordre des avocats dans tous les actes de la vie civile.

Il peut déléguer tout ou partie de ses attributions à un ou plusieurs membres du conseil.

Art. 19. — Dans les barreaux ne comprenant pas plus de vingt avocats inscrits au tableau, l'assemblée générale des avocats délibère sur les questions et dans les conditions mentionnées à l'article 21.

Art. 20. — Lorsque le barreau se compose de plus de vingt membres, les avocats inscrits au tableau sont répartis en colonnes ou sections.

Il est formé deux colonnes si le nombre des avocats inscrits est de plus de vingt et ne dépasse pas cinquante ; quatre, si le tableau est de plus de cinquante et n'est pas supérieur à cent ; de sept à vingt si le tableau comprend plus de cent avocats.

Art. 21. — L'assemblée générale, dans le cas prévu à l'article 19, et les colonnes dans les cas prévus à l'article 20, se réunissent deux fois par année, autant que possible dans les mois de décembre et de mai, sous la présidence du bâtonnier ou d'un membre du conseil de l'ordre, ou, à leur défaut, du plus ancien des avocats présents, dans l'ordre du tableau.

Elles ne peuvent examiner que les questions qui leur sont soumises soit par le conseil, soit par un de leurs membres, à la condition qu'il en ait informé le conseil quinze jours à l'avance.

Les vœux émis dans les colonnes sont transmis au conseil avec l'indication du nombre de suffrages qu'ils ont réunis.

Le conseil en délibère dans le délai de trois mois, non compris les vacances judiciaires. En cas de rejet, le conseil motive sa décision.

Les décisions du conseil sont portées à la connaissance des plus prochaines réunions de colonnes. Elles sont consignées sur un registre spécial tenu à la disposition de tous les avocats inscrits.

TITRE III

DU STAGE

Art. 22. — Toute personne qui demande son admission au stage d'un barreau est tenue de fournir au conseil de l'ordre : son diplôme de licencié en droit, les pièces justificatives établissant sa qualité de Français et son état civil ainsi qu'un extrait de son casier judiciaire.

Une enquête sur la moralité du postulant est faite par les soins du conseil de l'ordre.

Art. 23. — Les postulants doivent, avant d'être admis au stage, et sur la présentation du bâtonnier de l'ordre, prêter, devant la cour d'appel, serment en ces termes :

« Je jure de rien dire ou publier, comme défenseur ou conseil, de contraire aux lois, aux règlements, aux bonnes mœurs, à la sûreté de l'Etat et à la paix publique et de ne jamais m'écarter du respect dû aux tribunaux et aux autorités publiques. »

Art. 24. — L'admission au stage est prononcée par le conseil de l'ordre.

Les dispositions de l'article 17 qui précède sont applicables à la décision portant refus d'admission au stage.

Art. 25. — Les avocats stagiaires sont inscrits sur une liste du stage d'après la date de leur admission.

Lorsque le nombre des avocats stagiaires inscrits à un barreau est supérieur à vingt, ceux-ci sont répartis en colonnes spéciales de stage, présidées par le bâtonnier ou par un membre du conseil de l'ordre, et dont le nombre et le fonctionnement sont déterminés par le règlement intérieur.

Art. 26. — Le stage comporte nécessairement : 1° l'assiduité aux exercices du stage, organisés, conformément aux dispositions du règlement intérieur de chaque barreau, soit sous la présidence du bâtonnier, lorsqu'il n'existe pas de colonnes, soit sous celles des présidents des colonnes ; 2° la participation aux travaux de la conférence du stage dans les barreaux où elle existe ; 3° la fréquentation des audiences. Il comporte, en outre, autant que possible, le travail, soit dans un cabinet d'avocat, soit dans une étude d'avoué ou de notaire, soit aux parquets des cours ou tribunaux, le Conseil de l'ordre devant prendre les mesures nécessaires pour faciliter l'exécution de cette disposition.

Le licencié en droit admis au stage ne peut prendre le titre d'avocat qu'en le faisant suivre du mot stagiaire.

L'avocat stagiaire est autorisé à plaider, sauf pendant le temps où il est inscrit comme clerc sur la liste de stage d'une étude d'avoué ou sur le registre de stage tenu par la chambre de discipline des notaires.

La durée du stage est de trois années, mais peut, exceptionnellement, à la demande de l'avocat stagiaire, être portée à cinq ans.

Art. 27. — À l'expiration du délai du stage, un certificat constatant l'accomplissement dudit stage est délivré, s'il y a lieu, au stagiaire, par le bâtonnier.

Si le bâtonnier estime que le stagiaire n'a pas satisfait aux obligations résultant des prescriptions de l'article 26, il peut, après l'avoir entendu, prolonger le stage deux fois d'une année.

À l'expiration de la cinquième année, le certificat est, dans tous les cas, délivré ou refusé.

Le refus de certificat ne peut être prononcé que par une décision motivée du conseil de l'ordre.

Cette décision peut être déférée à la cour d'appel dans les conditions fixées à l'article 17.

Art. 28. — Les avoués, licenciés en droit, qui, après avoir donné leur démission, se présentent pour être admis dans l'ordre des avocats, sont soumis au stage. S'ils ont exercé la profession pendant cinq ans, le stage peut être réduit.

Art. 29. — Le stage peut être fait en divers cours ou tribunaux sans qu'il puisse être néanmoins interrompu pendant plus de trois mois.

S'il est effectué devant un ou plusieurs tribunaux de première instance, il ne peut servir ni pour compléter le stage devant une cour, ni pour obtenir l'inscription au tableau des avocats d'une cour.

Toutefois, les conseils de l'ordre des barreaux établis près les cours d'appel peuvent accorder une diminution de la durée du stage aux avocats ayant accompli tout ou partie d'un stage devant un tribunal de première instance.

Art. 30. — Les secrétaires de la conférence du stage des avocats sont désignés par le conseil de l'ordre parmi les avocats stagiaires à la suite d'un concours auquel ne peuvent prendre part ceux qui ont été frappés d'une peine disciplinaire.

TITRE IV

DE LA DISCIPLINE

Art. 31. — Le conseil de l'ordre, siégeant comme conseil de discipline, poursuit et réprime, d'office ou sur les plaintes qui lui sont adressées, les infractions et les fautes commises par les avocats inscrits au tableau des avocats ou sur la liste du stage. Il applique, s'il y a lieu, les peines disciplinaires édictées par l'article 32 ci-après.

Art. 32. — Les peines disciplinaires sont :

L'avertissement ;

La réprimande ;

L'interdiction temporaire, laquelle ne peut excéder une année ;

La radiation du tableau des avocats ou de la liste du stage.

L'avertissement, la réprimande et l'interdiction temporaire peuvent comporter, en outre, la privation, par la décision qui prononce la peine disciplinaire, du droit de faire partie du conseil de l'ordre pendant une durée n'excédant pas dix ans.

L'avocat radié ne peut se faire inscrire au tableau ou au stage d'aucune juridiction dans le ressort de la cour d'appel où il exerçait sa profession.

Lorsqu'il est inscrit à un autre barreau, il ne peut exercer son ministère que dans le ressort de la juridiction près de laquelle ce barreau est établi.

L'admission au tableau ou au stage d'un avocat anciennement rayé est portée, dans les trois jours, à la connaissance du ministère public, qui a deux mois pour interjeter appel.

Art. 33. — Aucune peine disciplinaire ne peut être prononcée sans que l'avocat inculpé ait été entendu, ou appelé, avec délai de huitaine.

Art. 34. — Dans les barreaux où les fonctions du conseil de discipline sont exercées par le tribunal, celui-ci ne peut prononcer une peine disciplinaire qu'après avoir pris l'avis écrit du bâtonnier.

Art. 35. — Toute décision du conseil de discipline est notifiée, par le bâtonnier, à l'avocat qui en a été l'objet, dans les dix jours de sa date.

Les décisions du même conseil comportant interdiction temporaire ou radiation, sont transmises, dans les trois jours, au procureur général qui en assure et en surveille l'exécution.

Art. 36. — Le procureur général peut, quand il le juge nécessaire, requérir qu'il lui soit délivré une expédition des décisions comportant avertissement ou réprimande.

Il peut également demander une expédition de toute décision par laquelle le conseil de discipline a prononcé l'absolution de l'avocat inculpé.

Art. 37. — Si la décision disciplinaire est rendue par défaut, l'avocat condamné peut former opposition, dans le délai de cinq jours à dater de la notification à personne de la décision, et, si la notification n'est pas faite à personne, dans les trente jours de la notification de cette décision.

L'opposition est reçue par simple déclaration au secrétariat de l'ordre qui en délivre un récépissé.

Art. 38. — Lorsque la décision prononçant l'avertissement ou la réprimande a, en outre, privé l'avocat qui en a été l'objet du droit de faire partie du conseil de l'ordre, et dans les cas d'interdiction temporaire ou de radiation, l'avocat condamné peut interjeter appel devant la cour d'appel du ressort.

Le droit d'appeler des décisions rendues par les conseils de discipline appartient, dans tous les cas, aux procureurs généraux.

Art. 39. — L'appel, soit du procureur général, soit de l'avocat condamné, n'est recevable qu'autant qu'il a été formé dans les dix jours de la notification qui leur a été faite, par le bâtonnier, de la décision du conseil de discipline. Toutefois, en cas de décision par défaut, ce délai ne court qu'à compter de l'expiration des délais d'opposition.

Art. 40. — Les cours d'appel statuent sur l'appel en assemblée générale et dans la chambre du conseil. A la cour de Paris, l'appel est porté devant une assemblée composée des trois premières chambres.

Art. 41. — Tout manquement, de la part d'un avocat, dans ses plaidoiries ou dans ses écrits, aux obligations que lui impose le serment professionnel auquel il est astreint en exécution de l'article 23, est réprimé immédiatement, sur les conclusions du ministère public, par le tribunal saisi de l'affaire, lequel prononce l'une des peines prévues à l'article 32.

Art. 42. — Il n'est point dérogé, par les dispositions qui précèdent, au droit qu'ont les tribunaux de réprimer les fautes commises, à leur audience, par les avocats.

Art. 43. — L'exercice du droit de discipline ne met point obstacle aux poursuites que le ministère public ou les parties civiles se croient fondés à intenter devant les tribunaux pour la répression des actes constituant des délits ou des crimes.

TITRE V

DISPOSITIONS GÉNÉRALES ET TRANSITOIRES

Art. 44. — L'avocat régulièrement nommé d'office par le bâtonnier ou par le président de la cour d'assises ne peut refuser son ministère sans faire approuver ses motifs d'excuse ou d'empêchement par le bâtonnier ou par le président. En cas de non approbation, et si l'avocat persiste dans son refus, le conseil de discipline prononce l'une des peines indiquées à l'article 32 ci-dessus.

Art. 45. — La profession d'avocat est incompatible avec toutes les fonctions de l'ordre judiciaire, à l'exception de celle de suppléant non rétribué, avec les fonctions de préfet, de sous-préfet et de secrétaire général de préfecture, avec celles de greffier, de notaire et d'avoué, avec les emplois à gages et ceux d'agent comptable, avec toute espèce de négoce. En sont exclues toutes personnes exerçant la profession d'agent d'affaires ou dont le conjoint exerce cette profession.

Art. 46. — Chaque barreau doit, dans les six mois de la publication du présent décret, arrêter les dispositions de son règlement intérieur dont copie est transmise au premier président de la cour d'appel, au procureur général, au président du tribunal et à chacun des avocats inscrits au tableau ou stagiaires.

Le procureur général est en droit, quand il le juge utile, de déférer ces règlements intérieurs à la cour d'appel qui peut, après audition du bâtonnier, annuler celles de leurs dispositions qui sont contraires à la loi.

Une copie du règlement intérieur est déposée au greffe de chaque juridiction auprès de laquelle est établi un barreau et tenue à la disposition de tout intéressé.

Art. 47. — Le titre d'avocat honoraire peut être conféré par le conseil de l'ordre aux avocats qui ont été inscrits au tableau pendant trente ans et qui ont donné leur démission.

Les avocats honoraires restent soumis à la juridiction disciplinaire du conseil de l'ordre.

Leurs droits et leurs devoirs sont déterminés par le règlement intérieur.

Art. 48. — Les ordonnances du 20 novembre 1822 et du 27 août 1830 et les décrets du 22 mars 1852 et du 10 mars 1870 sont abrogés, ainsi que toutes les dispositions contraires au présent décret.

Art. 49. — Par dérogation à l'article 5, paragraphe 1er, et à titre transitoire, les licenciés en droit ayant prêté serment et non inscrits au barreau d'une cour d'appel ou d'un tribunal de première instance, qui, antérieurement à la date de la publication du présent décret, auront pris habituellement le titre d'avocat, pourront conserver cette dénomination.

Toutefois, ne bénéficieront pas de la disposition exceptionnelle qui précède, ceux qui auront été rayés, par mesure disciplinaire, du tableau des avocats à un barreau et les anciens officiers ministériels destitués.

Art. 5o. — Par dérogation à l'article 9 le nombre des membres du conseil de l'ordre sera, à Paris, pour l'année judiciaire 1920-1921, de vingt-deux.

A titre exceptionnel, et par dérogation au même article, pendant les cinq années judiciaires qui suivront la date de la publication du présent décret, les conseils de l'ordre seront composés de trois membres dans les barreaux où le nombre des avocats inscrits était au moins égal à six avant le 2 août 1914 et où ce nombre se trouve réduit à cinq ou à quatre par suite du décès d'avocats morts pour la France, au cours de la guerre.

Pendant ladite période de cinq années, il ne sera pas fait application aux barreaux mentionnés au paragraphe qui précède de la disposition de l'article 12 ci-dessus.

Art. 51. — La disposition de l'article 26, paragraphe 2, n'est pas applicable aux avocats stagiaires déjà admis au stage à la date de la publication du présent décret.

Art. 52. — Le garde des sceaux, ministre de la justice, est chargé de l'exécution du présent décret, qui sera publié au *Journal Officiel* et inséré au *Bulletin des lois*.

Fait à la Montcillerie, le 20 juin 1920.

P. DESCHANEL.

Par le Président de la République :
Le garde des sceaux, ministre de la justice,
LHOPITEAU.

RÈGLEMENT INTÉRIEUR

de

l'Ordre des Avocats à la Cour d'Appel d'Alger

TITRE PREMIER

DU TABLEAU

ART. 1er. — L'avocat du barreau d'Alger doit exercer réellement sa profession. Pour assurer cet exercice, il doit être inscrit au tableau et avoir son domicile à Alger ou dans l'arrondissement judiciaire d'Alger.

Il est soumis aux règles du barreau d'Alger telles qu'elles résultent des lois, décrets, traditions et usages professionnels.

ART. 2. — Les avocats, remplissant les conditions fixées à l'article 1er, prendront le titre d'avocat à la Cour d'appel d'Alger.

ART. 3. — Ils sont inscrits sur le tableau d'après leur rang d'ancienneté. L'ancienneté est déterminée par la date de la demande d'inscription au tableau. Au cas de concours de plusieurs demandes du même jour, l'ancienneté est celle de la liste du stage.

ART. 4. — L'avocat du barreau d'Alger peut exercer son ministère devant toutes les juridictions, sauf les prohibitions édictées par les lois.

Il ne doit plaider qu'en langue française.

Il doit se présenter à la barre en robe, devant toutes les juridictions, même en chambre du Conseil, ainsi que devant les magistrats chargés des conciliations, des délibérés ou des instructions.

Lorsqu'il se déplace, il doit rendre visite au président

et au magistrat du ministère public tenant l'audience où il doit plaider, ainsi qu'au bâtonnier du barreau local.

Il doit en outre, conformément aux traditions du barreau d'Alger, faire la même démarche auprès du confrère contre lequel il doit plaider.

Art. 5. — Dans toutes les mesures d'instruction prescrites par jugement ou par ordonnance en matière civile, commerciale, pénale ou administrative, l'avocat peut assister son client.

Il peut le représenter dans tous les cas où la loi ne le lui interdit pas, mais il ne doit pas oublier que le droit de représentation lui est accordé à raison de son titre et a pour unique objet de lui faciliter l'accès au prétoire. Il ne doit jamais accepter chez lui d'élection de domicile. S'il peut signer des conclusions, il ne doit jamais transiger devant un magistrat conciliateur hors la présence de son client ou sans avoir obtenu de celui-ci des déclarations précises et signées. Les offres réelles peuvent être faites et acceptées à la barre par l'avocat à la condition qu'il se soit assuré du consentement de son client.

TITRE II

ORGANISATION DE L'ORDRE

Art. 6. — Les élections générales, faites en conformité des articles 7 à 14 du décret du 20 juin 1920, ont lieu avant la fin de l'année judiciaire à la date fixée par le conseil.

Elles se font à la majorité absolue des suffrages exprimés, les bulletins blancs ou nuls n'entrant pas en compte.

Le vote par correspondance n'est pas admis.

L'élection du bâtonnier précède celle des membres du conseil.

Les élections partielles n'auront effet que pour là période restant à courir jusqu'à la fin de l'année judiciaire.

ART. 7. — Les avocats inscrits sont répartis en sept colonnes ; la répartition dans les colonnes est faite par le conseil de l'ordre au début de chaque année judiciaire.

Ces colonnes se réunissent et délibèrent dans les conditions fixées par l'article 21 du décret du 20 juin 1920.

Le texte des questions soumises par les membres des colonnes devra être remis au cabinet du bâtonnier quinze jours à l'avance.

Tout vœu adopté par trois colonnes au moins devra être soumis par le conseil à l'examen des autres colonnes et figurer à leur ordre du jour de la session suivante.

TITRE III

DU STAGE

ART. 8. — Toute personne qui sollicite son admission au stage devra remettre au bâtonnier, avec sa demande, son diplôme de licencié en droit, revêtu du visa de M. le procureur général, les pièces justificatives établissant sa qualité de français, et son état civil, ainsi qu'un extrait de son casier judiciaire. Elle se présentera, en outre, aux membres du conseil de l'ordre et acquittera les droits d'admission.

Le bâtonnier désignera l'un des membres du conseil pour faire une enquête sur la moralité du postulant, et rechercher s'il remplit les conditions requises pour être admis à la prestation du serment et au stage..

ART. 9. — Le conseil statuera sur les conclusions du rapporteur. Si la demande est admise, le postulant prêtera devant la cour d'appel, sur la présentation du bâtonnier, le serment prescrit par l'article 23 du décret du 20 juin 1920.

L'admission au stage sera prononcée par le conseil : si la demande est rejetée, la décision sera notifiée à l'intéressé dans la forme prescrite par l'article 17 du décret du 20 juin 1920.

ART. 10. — En ce qui concerne les candidats au stage des autres barreaux d'Algérie, le bâtonnier ne les présentera au serment que sur le vu d'une attestation du bâtonnier de l'ordre dans lequel ils se proposent d'entrer, certifiant qu'ils ont déposé leur demande d'admission au stage et que leur présentation au serment est autorisée.

ART. 11. — Les avocats stagiaires sont inscrits sur la liste du stage d'après la date de leur admission. Entre plusieurs admis du même jour, le rang se détermine par la date du serment, si cette date est la même par celle de la demande, ensuite par celle de la licence en droit, enfin par celle de la naissance.

ART. 12. — Ils sont répartis en colonnes spéciales du stage dont le nombre est fixé par le conseil de l'ordre. Ces colonnes sont présidées par le bâtonnier ou par un membre du conseil de l'ordre ; elles ont pour secrétaire l'un des secrétaires de la conférence. Les colonnes sont réunies au moins cinq fois par an sur convocation de leur président.

Ces réunions ont pour objet d'enseigner à leurs membres les principes des règles professionnelles et des conditions d'exercice de la profession d'avocat.

La présence des stagiaires aux réunions de colonnes est obligatoire.

L'absence non justifiée entraînera des sanctions disciplinaires.

Art. 13. — La conférence du stage se réunit aux jours et heures fixés par le bâtonnier.

Elle est présidée par le bâtonnier ou par un membre du conseil délégué par lui et discute la question portée à l'ordre du jour.

La présence des stagiaires à la conférence est obligatoire, sauf dispense accordée par le bâtonnier. Les absences prolongées sans excuse valable, pourront donner lieu soit à une prolongation du stage, soit au refus du certificat visé à l'article 27 du décret.

Art. 14. — L'avocat stagiaire devra fréquenter les audiences. Il ne pourra s'absenter d'Alger pendant plus de quinze jours sans l'autorisation du bâtonnier. Il pourra, pour raison de santé ou pour motif grave, obtenir un congé de trois mois au plus sans interruption ni suspension du stage.

Art. 15. — Il est recommandé au stagiaire de collaborer avec un ancien pour acquérir la connaissance des affaires.

Art. 16. — L'avocat stagiaire pourra être inscrit en qualité d'attaché aux Parquets de la Cour d'appel ou du Tribunal d'Alger.

Art. 17. — L'avocat stagiaire pourra se faire inscrire en qualité de clerc sur la liste du stage, d'une étude d'avoué d'Alger ou de notaire d'Alger ; il devra en aviser le bâtonnier, et ne pourra plaider pendant la durée de cette inscription conformément à l'article 26 du décret du 20 juin 1920.

Art. 18. — Le stage est suspendu par décision du conseil pendant la durée du service militaire ; le temps de cette suspension n'entre pas en compte pour le calcul de la durée du stage.

Art. 19. — Le licencié en droit admis au stage prend

le titre d'avocat stagiaire à la Cour d'appel d'Alger, sous réserve de la mesure transitoire prévue à l'article 51 du décret du 22 juin 1920.

Art. 20. — La durée du stage, la délivrance du certificat ou son refus sont réglés par les articles 26, dernier paragraphe, et 27 du décret du 20 juin 1920. Le certificat de stage et la quittance du paiement des droits d'inscription devront toujours être joints à la demande d'inscription au tableau.

Art. 21. — Les secrétaires de la conférence du stage sont désignés par le Conseil de l'ordre sur la proposition du bâtonnier dans les conditions du concours fixé à l'article suivant. Ne peuvent être désignés les stagiaires qui ont été frappés d'une peine disciplinaire. Les secrétaires assistent le bâtonnier aux réunions de la conférence.

Art. 22. — A la fin de l'année judiciaire, les secrétaires délibérant sous la présidence du bâtonnier, arrêtent parmi les stagiaires ayant pris la parole dans l'année une liste par ordre de mérite contenant un nombre de candidats double de celui des places de secrétaires ; les désignations du Conseil de l'ordre doivent s'effectuer parmi les candidats proposés.

TITRE IV

DISCIPLINE

Art. 23. — Le Conseil de l'ordre, siégeant comme conseil de discipline a juridiction sur les avocats inscrits au tableau ou au stage et sur les avocats admis à l'honorariat.

Il prononce les peines disciplinaires édictées par les articles 32 et suivants, du décret du 20 juin 1920.

Art. 24. — Les décisions rendues par défaut, ne seront portées à la connaissance de M. le procureur général, qu'à l'expiration des délais d'opposition visés par l'article 37 du décret du 20 juin 1920.

Art. 25. — Dans le cas où par application des art. 41 et 42 du décret un avocat serait menacé à l'audience des réquisitions du ministère public, sa défense doit être assurée.

A cet effet, le bâtonnier devra immédiatement être prévenu de l'incident soit par l'avocat lui-même, soit par le confrère le plus ancien présent à la barre.

DISPOSITIONS GÉNÉRALES

Art. 26. — L'avocat est tenu d'observer scrupuleusement tous les devoirs que lui imposent les règles et traditions professionnelles, envers les magistrats, envers ses confrères, envers ses clients.

Art. 27. — L'avocat commis d'office ne peut refuser son ministère, sans faire approuver ses motifs d'excuse par le bâtonnier qui, seul, peut le relever de sa commission.

Dans les affaires pour lesquelles l'assistance judiciaire a été accordée par décision du bureau, toute demande ou acceptation d'honoraires est rigoureusement interdite.

Dans les affaires correctionnelles ou criminelles qui ont donné lieu à la commission d'office, l'avocat ne peut accepter d'honoraires que si la commission a été transformée en désignation par le bâtonnier.

Art. 28. — Tout avocat qui reçoit l'offre d'une clientèle ou d'un dossier doit s'assurer avant d'accepter cette offre qu'aucun confrère n'a été préalablement chargé des intérêts dont la défense lui est proposée.

S'il succède à un confrère, il doit s'assurer avant d'accepter la clientèle ou l'affaire que celui-ci a été complètement désintéressé.

Cependant, en matière urgente, il pourra se présenter à la barre ; mais à la condition d'avoir obtenu au préa'able l'autorisation du bâtonnier.

Un honoraire est acquis à l'avocat, chargé par un client de l'étude d'une affaire, alors même que le dossier lui est retiré avant plaidoirie.

ART. 29. — L'avocat peut accepter des honoraires annuels d'un client dont il est de conseil pour rémunérer ses plaidoiries et les consultations données par lui dans son cabinet.

ART. 30. — Il convient qu'il évite tout rapport direct avec l'adversaire de son client. Il ne doit jamais le convoquer dans son cabinet.

ART. 31. — Il ne doit jamais se compromettre dans la recherche des affaires.

ART. 32. — Il ne peut se livrer à aucune manœuvre de publicité. Toutefois l'indication du nom, de la qualité et de l'adresse sur le papier à lettre, les enveloppes et les dossiers est autorisée, ainsi que l'apposition des plaques sur la porte intérieure de l'appartement et sur la boîte aux lettres. Ces inscriptions doivent être uniquement en langue française.

ART. 33. — Il ne peut, en aucun cas, avoir un cabinet ou recevoir ses clients dans l'étude d'un avoué ou d'un notaire.

ART. 34. — L'article 45 du décret du 20 juin 1920, relatif aux incompatibilités, n'étant que la reproduction de l'art. 42 de l'ordonnance de 1822, n'est pas non plus limitatif. Il ne modifie pas la jurisprudence du conseil.

C'est ainsi notamment que l'exercice de la profession reste incompatible avec toute occupation de nature à porter atteinte à l'indépendance ou à la dignité de l'avocat, avec tout emploi à gages, tout espèce de négoce, avec tout mandat, à l'exception du mandat de famille.

ART. 35. — L'avocat doit payer une cotisation dont le chiffre est fixé par le conseil de l'ordre.

Il doit également payer les droits d'admission, d'inscription ou d'exeat, fixés par le conseil de l'ordre.

ART. 36. — *Honorariat.* — Le titre d'avocat honoraire peut être conféré par le conseil de l'ordre aux avocats qui ont été inscrits au tableau pendant trente ans et qui ont donné volontairement leur démission.

Il ne sera statué que sur demande écrite dans laquelle le postulant exposera les motifs de sa requête en indiquant quelles sont ou doivent être ses occupations.

Le postulant devra s'engager à ne rien faire qui puisse porter atteinte à son honorabilité personnelle ou à la dignité de la profession qu'il a exercée.

Il s'engagera à ne faire aucun acte rentrant dans la profession d'avocat, y compris la consultation.

L'honorariat ne pourra être refusé sans que le demandeur ait été entendu, ou appelé avec délai de huitaine et sous réserve du droit d'appel.

Sont exclus du bénéfice de ces dispositions ceux qui exercent ou qui depuis leur démission ont exercé l'agence d'affaires.

L'avocat honoraire peut prendre part aux réunions et aux cérémonies de l'ordre, à l'exception des assemblées générales, convoquées en vue des élections du bâtonnier et des membres du conseil.

Il peut revêtir en ces occasions, s'il y a lieu, le costume d'avocat.

Il a droit d'accès à la bibliothèque.

Il n'est astreint au paiement d'aucune cotisation.

L'avocat honoraire est soumis à la juridiction disciplinaire du conseil de l'ordre.

Art. 37. — *Carte d'identité.* — Une carte d'identité sera délivrée aux avocats inscrits et stagiaires du barreau d'Alger.

Cette carte, visée par le bâtonnier, devra porter la photographie du titulaire, sa signature ainsi que le millésime de l'année.

Le coût de la carte sera perçu lors de sa délivrance.

En cas de démission ou de radiation, la carte sera retirée ; en cas de suspension, la carte devra être déposée au cabinet du bâtonnier pour le temps de la suspension.

Délibéré et adopté en séance du conseil de l'ordre, le 20 décembre 1920.

Le Bâtonnier,
M. FOISSIN.

—— *m* ——

Règlement sur la Bibliothèque

ART. 1er. — Sont admis dans les salles de lecture :

1° Les avocats appartenant au barreau d'Alger ;

2° Les avocats appartenant à d'autres barreaux français venant plaider à Alger, qui feront connaître leurs nom et qualités au bibliothécaire ;

3° Les magistrats appartenant aux juridictions siégeant à Alger et les officiers ministériels en résidence à Alger qui feront connaître leurs nom et qualité au bibliothécaire.

ART. 2. — Toute autre personne ne pourra pénétrer dans les salles de lecture et consulter les ouvrages qu'avec une autorisation écrite du conservateur de la bibliothèque.

ART. 3. — Le prêt des livres n'est consenti qu'aux membres du barreau d'Alger à moins d'une autorisation écrite du conservateur.

ART. 4. — L'emprunt des livres à l'intérieur de la bibliothèque est libre.

Les ouvrages sont placés sous la sauvegarde des lecteurs, chacun devant comprendre qu'il est de l'intérêt commun que les collections restent au complet et en bon état.

ART. 5. — La lacération ou le détournement d'un ouvrage sera signalé par le conservateur de la bibliothèque au conseil de l'ordre.

ART. 6. — Aucun ouvrage ne pourra sortir de la bibliothèque, même pour être consulté dans l'enceinte du palais de justice, si l'emprunteur n'a signé et remis au bibliothécaire un bulletin de prêt, de modèle réglementaire, portant lisiblement l'indication de son nom, le titre de l'ouvrage, le nom de l'auteur et la date de l'emprunt.

Ce bulletin de prêt ne sera restitué à son signataire que contre la remise de l'ouvrage prêté en bon état.

Le prêt est inscrit en outre par le bibliothécaire à sa date sur un registre.

Art. 7. — Aucun prêt de livre ne peut être fait pour une durée excédant 8 jours.

Les fascicules de l'année courante des périodiques ne peuvent être prêtés pour une durée de plus de 3 jours.

Les volumes non reliés sont exclus du prêt.

Art. 8. — Les lecteurs et emprunteurs qui ne peuvent rendre les livres ou qui les rendent en mauvais état sont tenus de les remplacer à leurs frais. Quand le remplacement n'est pas possible, ils doivent réparer le tort causé à la bibliothèque suivant arbitrage du bâtonnier.

Art. 9. — Toute infraction aux règles qui précèdent pourra provoquer contre son auteur l'interdiction pour un certain temps de l'entrée et de l'usage de la bibliothèque, interdiction qui sera prononcée par le conseil de l'ordre, sans préjudice de mesures plus rigoureuses s'il y a lieu.

Délibéré en séance du conseil de l'ordre, le 19 novembre 1919.

ALGER — TYPOGRAPHIE JULES CARBONEL — ALGER

www.ingramcontent.com/pod-product-compliance
Lightning Source LLC
LaVergne TN
LVHW020458060726
842525LV00005B/1795